Impressum
Verlag: BABADADA GmbH, Nedderfeld 112 , 22529 Hamburg
Geschäftsführer / Verlagsleitung: Harald Hof
Druck: Books on Demand GmbH, In de Tarpen 42, 22848 Norderstedt

Imprint
Publisher: BABADADA GmbH, Nedderfeld 112 , 22529 Hamburg, Germany
Managing Director / Publishing direction: Harald Hof
Print: Books on Demand GmbH, In de Tarpen 42, 22848 Norderstedt, Germany

学校

sekolah

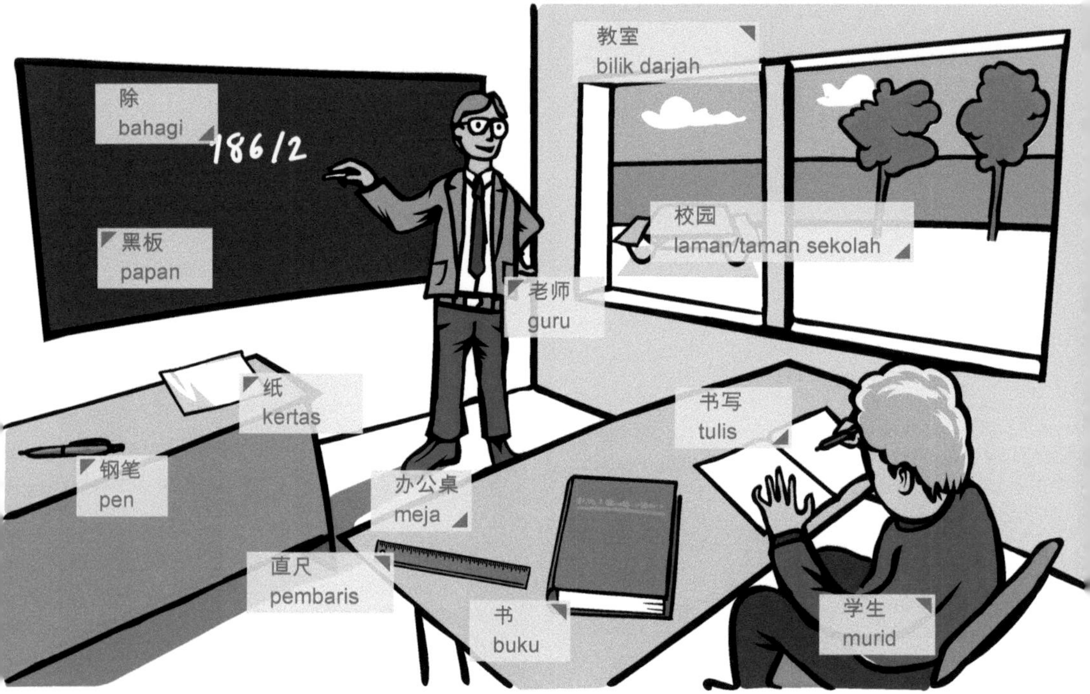

教室
bilik darjah
除
bahagi
186/2
黑板
papan
校园
laman/taman sekolah
老师
guru
纸
kertas
书写
tulis
钢笔
pen
办公桌
meja
直尺
pembaris
书
buku
学生
murid

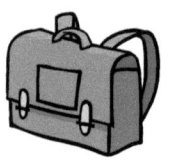

书包

beg galas

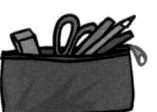

铅笔盒

kotak pensel

铅笔

pensel

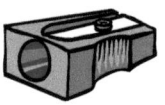

卷笔刀

pengasah pensel

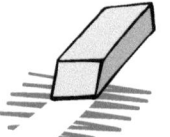

橡皮擦

pemadam

画板

kertas lukisan

图画
melukis

画笔
berus lukis

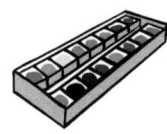

颜料盒
kotak warna

剪刀
gunting

胶水
gam

练习册
buku latihan

家庭作业
kerja rumah

12

数字
nombor

2+2

加
tambah

5-2

减
tolak

2×2

乘
darab

计算
kira

A

字母
huruf

ABCDEFG
HIJKLMN
OPQRSTU
VWXYZ

字母表
abjad

hello

字
kata

课文

teks

读

baca

粉笔

kapur

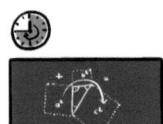

上课

pelajaran

登记

daftar

考试

peperiksaan

证书

sijil

校服

uniform sekolah

教育

pendidikan

百科全书

ensiklopedia

大学

universiti

显微镜

mikroskop

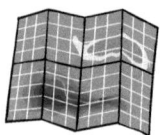

地图

peta

废纸筐

bakul sampah

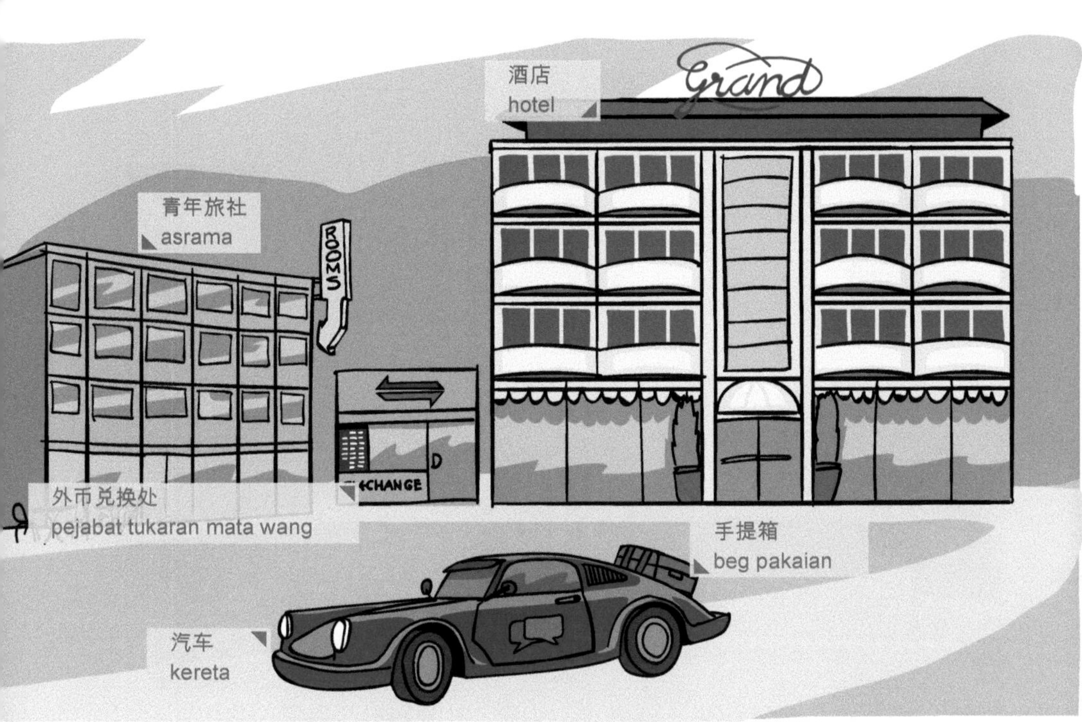

酒店
hotel
Grand
青年旅社
asrama
ROOMS
EXCHANGE
外币兑换处
pejabat tukaran mata wang
手提箱
beg pakaian
汽车
kereta

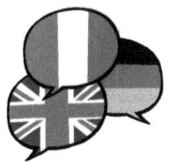

语言

bahasa

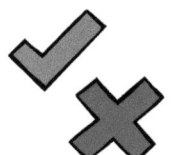

是/否

ya / tidak

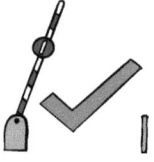

好的

okey

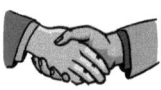

您好

helo

翻译员

penterjemah

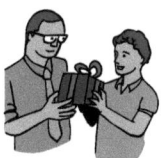

谢谢

Terima kasih

……多少钱？

berapa banyak…?

我不明白

saya tidak faham

问题

masalah

晚上好！

Selamat petang!

早上好！

Selamat Pagi!

晚安！

Selamat Malam!

再见

selamat tinggal

方向

arah

行李

bagasi

包

beg

双肩包

beg galas

客人

tetamu

房间

bilik tidur

睡袋

beg tidur

帐篷

khemah

旅游信息

maklumat pelancong

海滩

pantai

信用卡

kad kredit

早餐

sarapan

午餐

makan tengah hari

晚餐

makan malam

票

tiket

电梯

lif

邮票

setem

边界

sempadan

海关

kastam

大使馆

kedutaan

签证

visa

护照

pasport

交通运输

pengangkutan

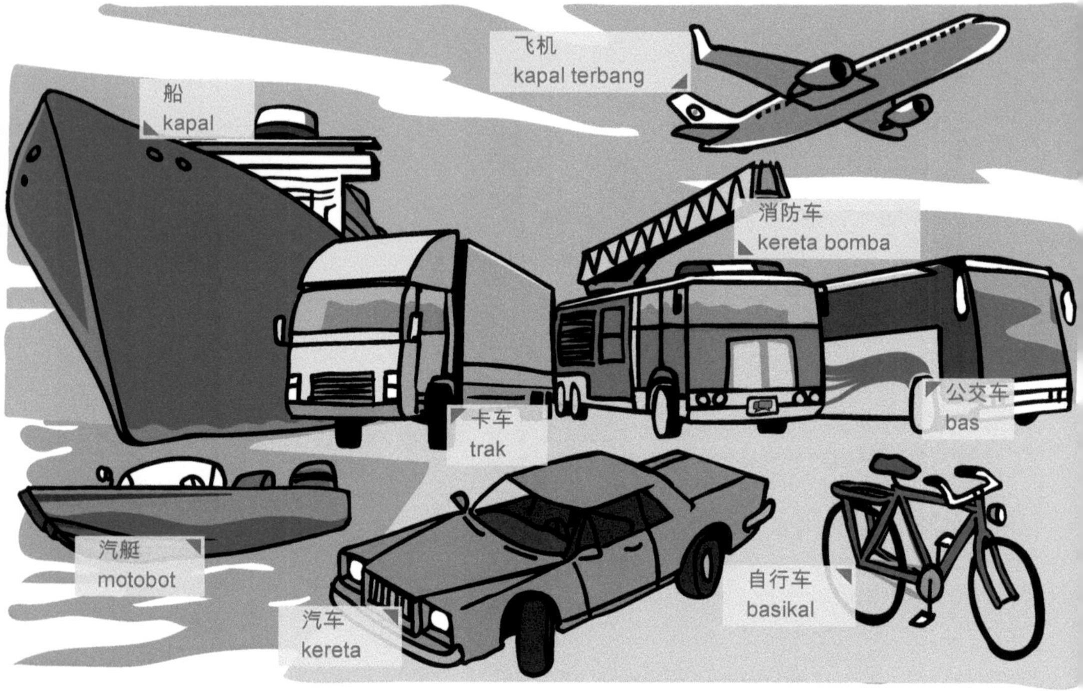

飞机
kapal terbang
船
kapal
消防车
kereta bomba
公交车
bas
卡车
trak
汽艇
motobot
自行车
basikal
汽车
kereta

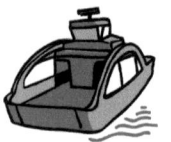

摆渡船

feri

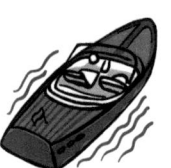

小船

bot

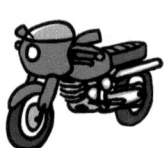

摩托车

motosikal

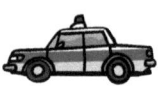

警车

kereta polis

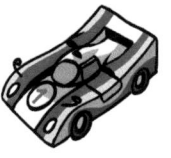

赛车

kereta lumba

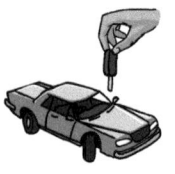

租车

kereta sewa

拼车
berkongsi kereta

拖车
trak tunda

垃圾车
trak menolak

发动机
motor

汽油
bahan api

加油站
stesen minyak

交通标志
tanda trafik

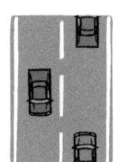

交通
trafik

交通堵塞
kesesakan lalu lintas

停车场
tempat parkir

火车站
stesen kereta api

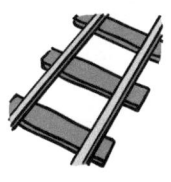

轨道
trek

火车
kereta api

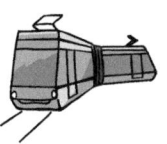

电车
trem

货车
gerabak

直升机
helikopter

机场
lapangan terbang

塔
Menara

乘客
penumpang

集装箱
bekas

纸板箱
kadbod

手推车
kart

篮子
bakul

起飞/降落
berlepas / mendarat

城市

bandar

村庄
kampung

市中心
pusat bandar

房子
rumah

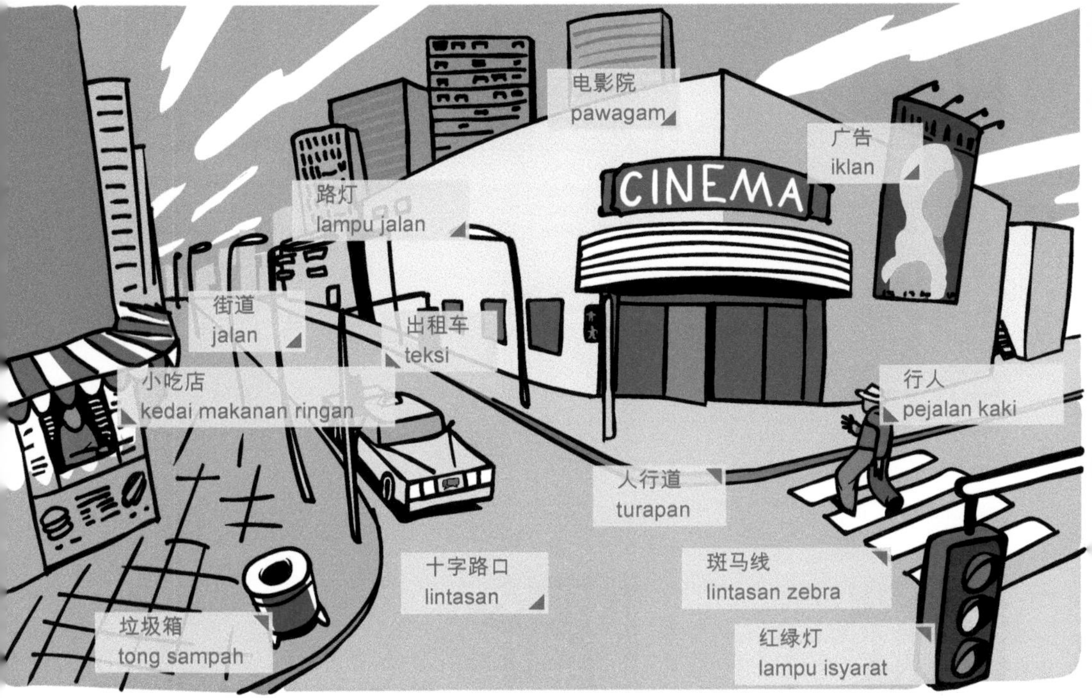
电影院
pawagam
CINEMA
广告
iklan
路灯
lampu jalan
街道
jalan
出租车
teksi
小吃店
kedai makanan ringan
行人
pejalan kaki
人行道
turapan
十字路口
lintasan
斑马线
lintasan zebra
垃圾箱
tong sampah
红绿灯
lampu isyarat

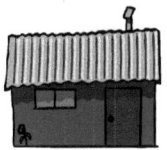

小屋

pondok

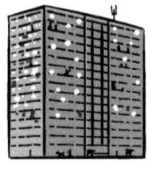

公寓

flat

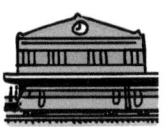

火车站

stesen kereta api

市政厅

dewan bandar

MUSEUM

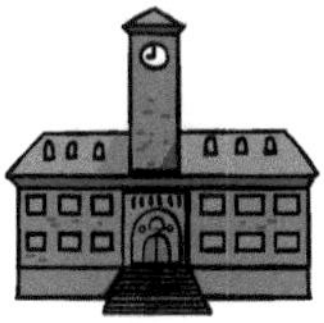

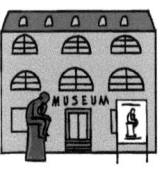

博物馆

muzium

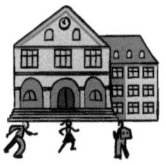

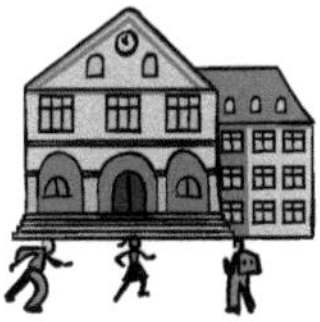

学校

sekolah

大学

universiti

银行

bank

医院

hospital

酒店

hotel

药房

farmasi

办公室

pejabat

书店

kedai buku

商店

kedai

花店

kedai bunga

超市

pasar raya

市场

pasaran

百货商店

gedung

鱼店

penjual ikan

购物中心

pusat membeli-belah

海港

pelabuhan

公园
taman

长凳
bangku

桥
jambatan

楼梯
tangga

地铁
bawah tanah

隧道
terowong

公交车站
hentian bas

酒吧
bar

餐馆
restoran

邮筒
peti surat

路标
papan tanda jalan

停车计时器
meter parkir

动物园
zoo

游泳馆
kolam renang

清真寺
masjid

农场
ladang

污染
pencemaran

墓地
tanah perkuburan

教堂
gereja

操场
taman permainan

寺庙
kuil

地形
landskap

树叶
daun

指示牌
tiang tanda

路
jalan

草地
padang rumput

石头
batu

树
pokok

徒步旅行者
pejalan kaki

河
sungai

草
rumput

花
bunga

峡谷

lembah

山

bukit

湖

tasik

森林

hutan

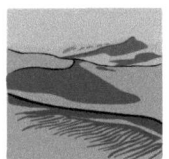

沙漠

padang pasir

火山

gunung berapi

城堡

istana

彩虹

pelangi

蘑菇

cendawan

棕榈树

pokok kelapa sawit

蚊子

nyamuk

苍蝇

terbang

蚂蚁

semut

蜜蜂

lebah

蜘蛛

labah-labah

甲虫

kumbang

青蛙

katak

松鼠

tupai

刺猬

landak

野兔

arnab

猫头鹰

burung hantu

鸟

burung

天鹅

angsa

野猪

babi jantan

鹿

rusa

麋鹿

moose

水坝

empangan

风力发电机

turbin angin

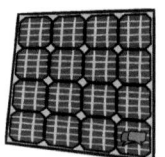

太阳能电池板

panel solar

气候

iklim

餐馆

restoran

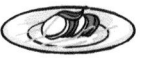

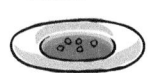

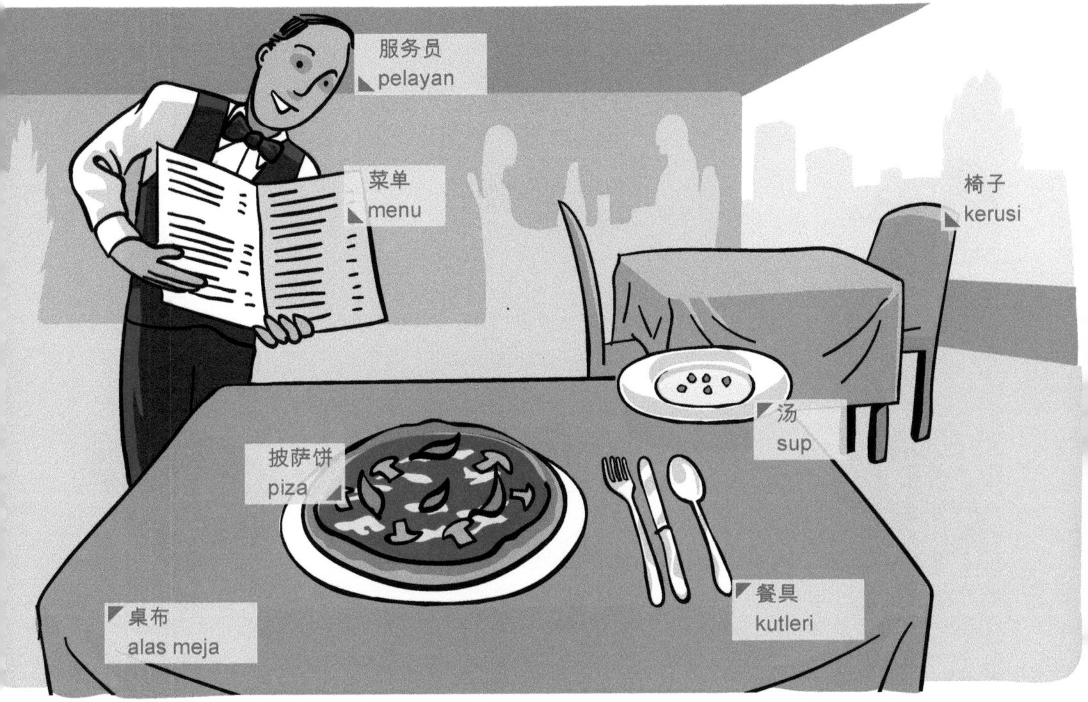

服务员
pelayan
菜单
menu
椅子
kerusi
汤
sup
披萨饼
piza
餐具
kutleri
桌布
alas meja

前菜

pemula

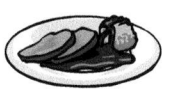

主菜

hidangan utama

甜点

pencuci mulut

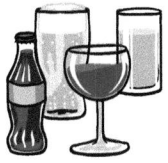

饮料

minuman

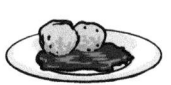

食物

makanan

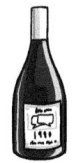

瓶子

botol

快餐

makanan segera

街边小吃

makanan jalanan

茶壶

teko

糖盒

mangkuk gula

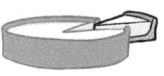

一份饭菜

bahagian

意式咖啡机

mesin espreso

高脚椅

kerusi tinggi

账单

bil

托盘

dulang

刀

pisau

餐叉

garfu

勺子

sudu

茶匙

sudu teh

餐巾

serviette

玻璃杯

gelas

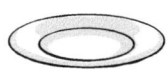

碟子

pinggan

汤盘

mangkuk sup

碟子

piring

酱

sos

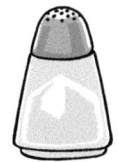

盐瓶

tempat garam

胡椒磨

pengisar lada

醋

cuka

食用油

minyak

调味料

rempah

番茄酱

sos

芥末

mustard

蛋黄酱

mayones

超市

pasar raya

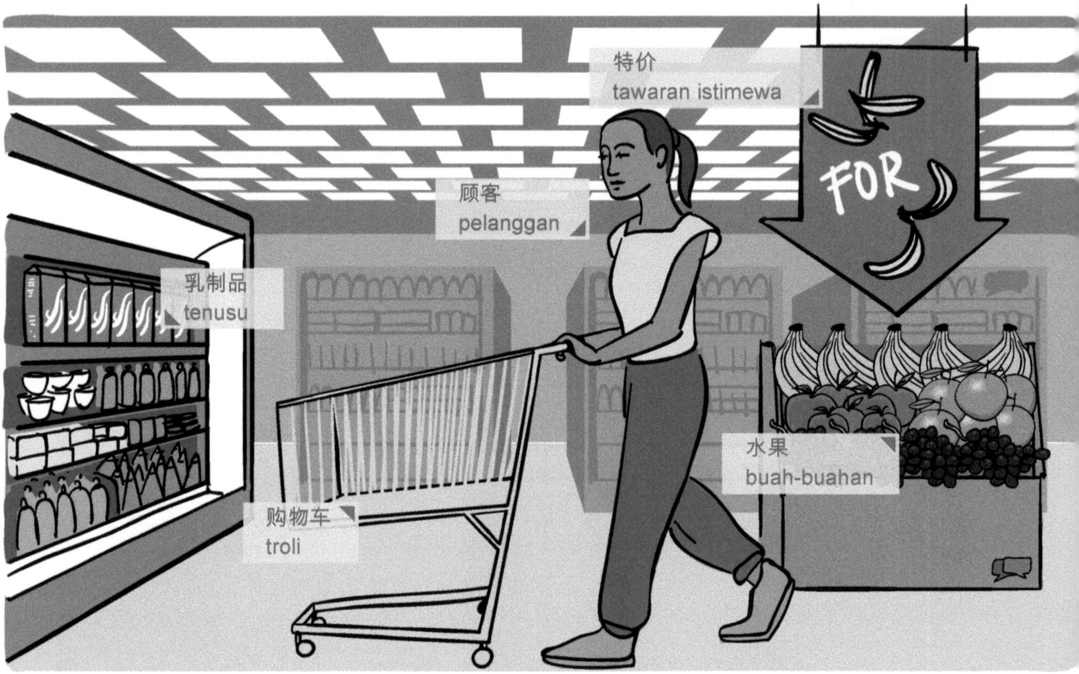

特价
tawaran istimewa
顾客
pelanggan
乳制品
tenusu
水果
buah-buahan
购物车
troli
FOR

BUTCHERS

肉铺

tukang daging

BAKERY

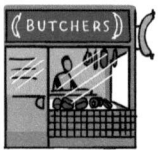

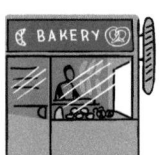

面包房

kedai roti

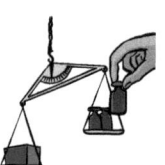

称重

berat

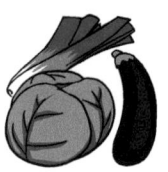

蔬菜

sayur-sayuran

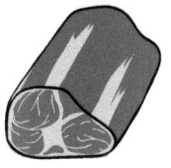

肉

daging

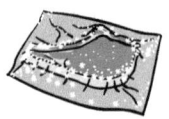

冷冻食品

makanan sejuk beku

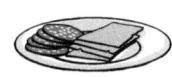

冷盘

daging sejuk

罐头食品

makanan dalam tin

洗衣粉

serbuk pencuci

甜食

gula-gula

日用品

produk isi rumah

清洁用品

produk pembersihan

销售员

orang jualan

收银机

daftar tunai

收银员

juruwang

购物清单

senarai membeli-belah

开放时间

waktu pembukaan

钱包

beg duit

信用卡

kad kredit

袋子

beg

塑料袋

beg plastik

水

air

果汁

jus

牛奶

susu

可乐

kola

红酒

wain

啤酒

bir

酒

alkohol

可可

koko

茶

the

咖啡

kopi

意式浓缩咖啡

espreso

卡布奇诺

kapucino

香蕉

pisang

苹果

epal

橙子

oren

西瓜

tembikai

柠檬

lemon

胡萝卜

lobak merah

大蒜

bawang putih

竹子

buluh

洋葱

bawang

蘑菇

cendawan

坚果

kacang

面条

mi

意大利面条

spageti

米饭

nasi

沙拉

salad

薯条

kerepek

炸土豆

kentang goreng

披萨饼

piza

汉堡包

hamburger

三明治

sandwic

炸猪排

kutlet

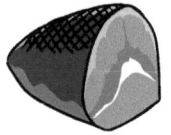

火腿

ham

萨拉米

salami

香肠

sosej

鸡肉

ayam

烤肉

panggang

鱼

ikan

燕麦片

bubur oat

穆兹利

muesli

玉米片

emping jagung

面粉

tepung

羊角面包

kroisan

面包卷

roti roll

面包

roti

烤面包

roti bakar

饼干

biskut

黄油

mentega

凝乳

dadih

蛋糕

kek

蛋

telur

煎蛋

telur goreng

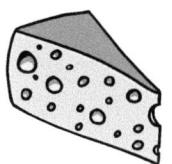

奶酪

keju

冰激凌

ais krim

糖

gula

蜂蜜

madu

果酱

jem

巧克力酱

krim nougat

咖喱饭

kari

食物 - makanan

农场
ladang

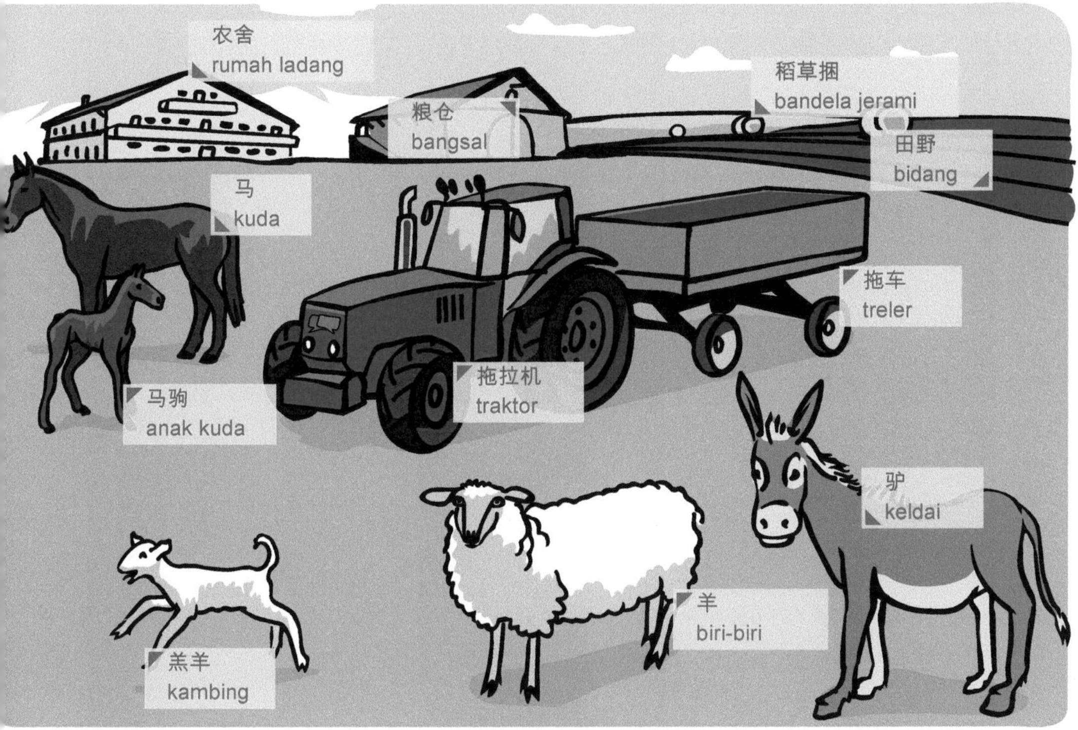

农舍
rumah ladang
粮仓
bangsal
稻草捆
bandela jerami
田野
bidang
马
kuda
拖车
treler
马驹
anak kuda
拖拉机
traktor
驴
keldai
羊
biri-biri
羔羊
kambing

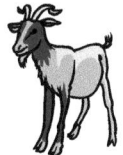

山羊

kambing

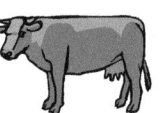

奶牛

lembu

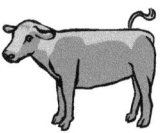

牛犊

anak lembu

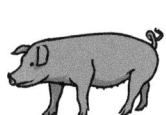

猪

babi

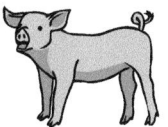

小猪

anak babi

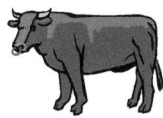

公牛

lembu

鹅

angsa

鸭

itik

小鸡

anak ayam

母鸡

ayam betina

公鸡

ayam jantan muda

鼠

tikus

猫

kucing

老鼠

tikus

牛

lembu jantan

狗

anjing

狗屋

rumah anjing

花园浇水软管

hos taman

洒水壶

bekas siraman

长柄大镰刀

sabit

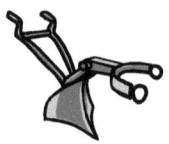

犁

bajak

镰刀

sabit

锄头

cangkul

长柄草耙

serampang peladang

斧头

kapak

独轮手推车

kereta sorong

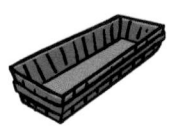

饲料槽

palung

牛奶罐

tin susu

麻布袋

karung

栅栏

pagar

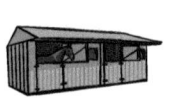

马厩

stabil

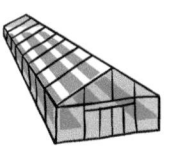

温室

rumah hijau

土壤

tanah

种子

benih

肥料

baja

联合收割机

jentuai

收割

tuai

收割

menuai

山药

keladi

小麦

gandum

大豆

soya

土豆

kentang

玉米

jagung

油菜籽

biji sawi

果树

pokok buah-buahan

树薯

ubi kayu

谷物

bijirin

房子

rumah

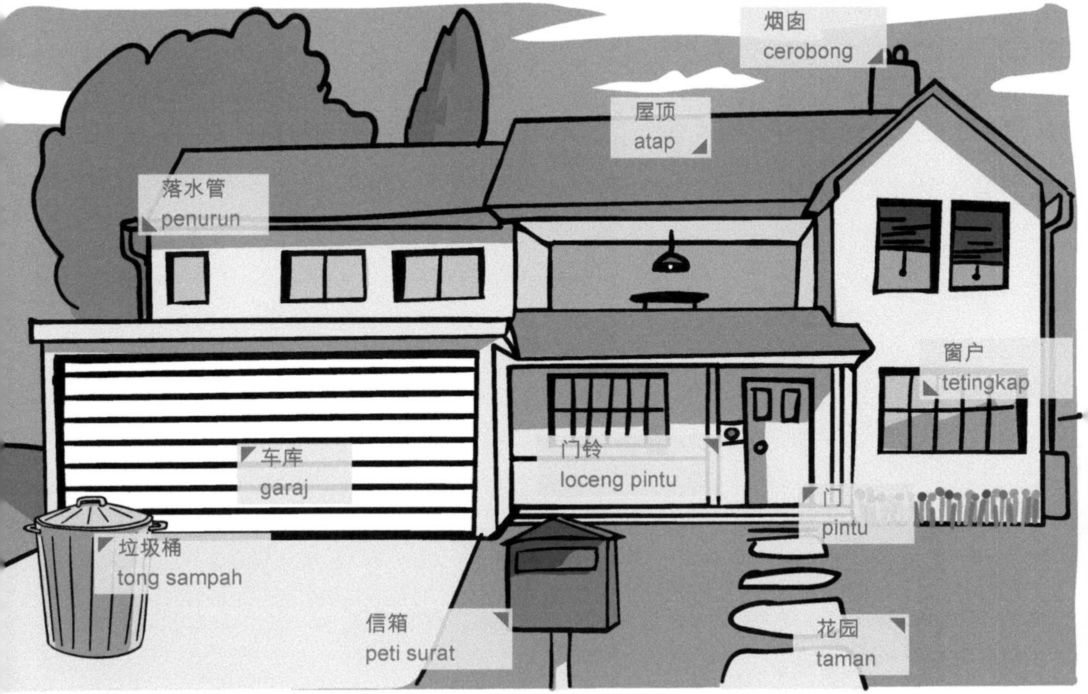

烟囱
cerobong
屋顶
atap
落水管
penurun
窗户
tetingkap
车库
garaj
门铃
loceng pintu
门
pintu
垃圾桶
tong sampah
信箱
peti surat
花园
taman

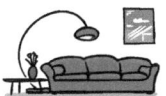

客厅

ruang tamu

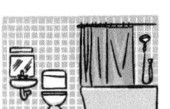

浴室

bilik air

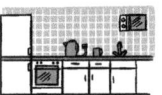

厨房

dapur

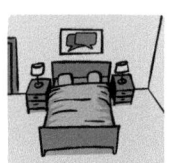

卧室

bilik tidur

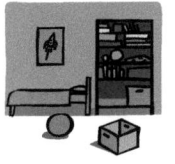

儿童房

bilik kanak-kanak

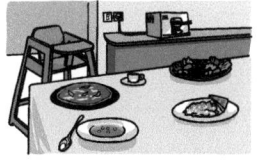

餐厅

ruang makan

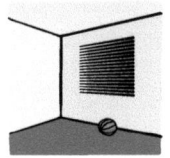

地板
lantai

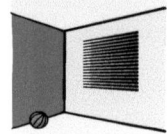

墙壁
dinding

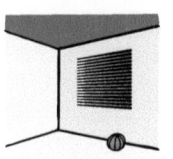

吊顶
siling

地窖
bilik bawah tanah

桑拿
sauna

阳台
balkoni

露台
teres

游泳池
kolam renang

割草机
pemotong rumput

被单
lembaran

床罩
penutup tilam

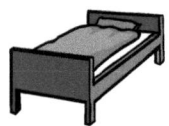

床
katil

扫帚
penyapu

水桶
timba

开关
suis

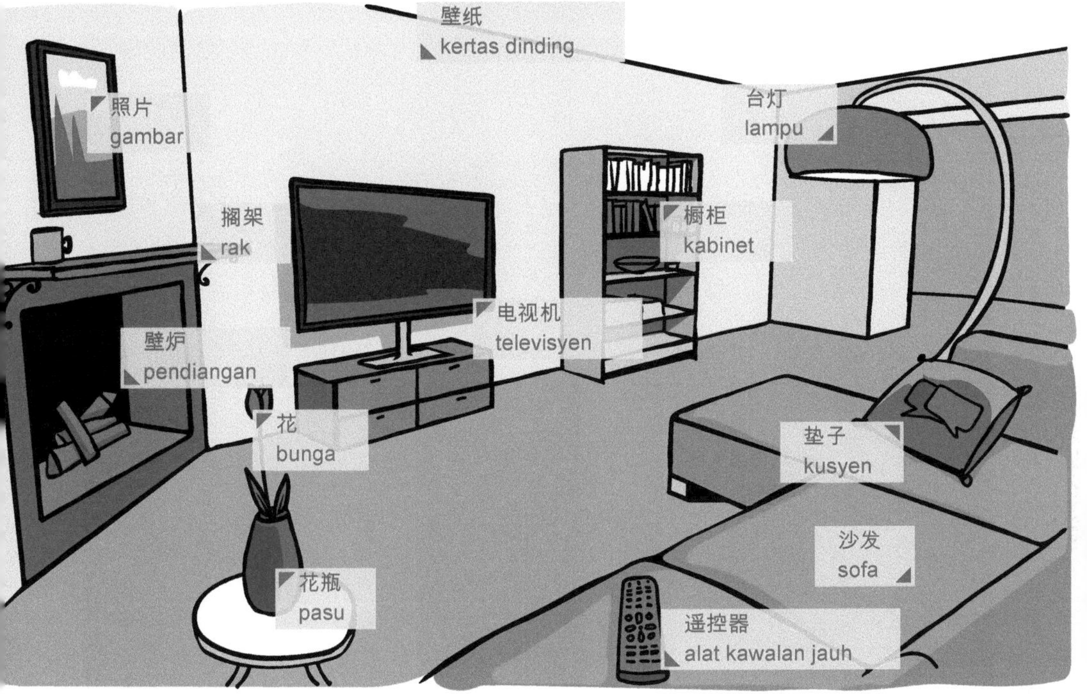

壁纸
kertas dinding

照片
gambar

台灯
lampu

搁架
rak

橱柜
kabinet

壁炉
pendiangan

电视机
televisyen

花
bunga

垫子
kusyen

沙发
sofa

花瓶
pasu

遥控器
alat kawalan jauh

地毯
permaidani

窗帘
tirai

餐桌
meja

椅子
kerusi

摇椅
kerusi malas

扶手椅
kerusi

书
buku

毯子
selimut

装饰品
hiasan

木柴
kayu api

电影
filem

高保真音响
hi-fi

钥匙
kunci

报纸
akhbar

油画
lukisan

海报
poster

收音机
radio

笔记本
buku catatan

吸尘器
penyedut habuk

仙人掌
kaktus

蜡烛
lilin

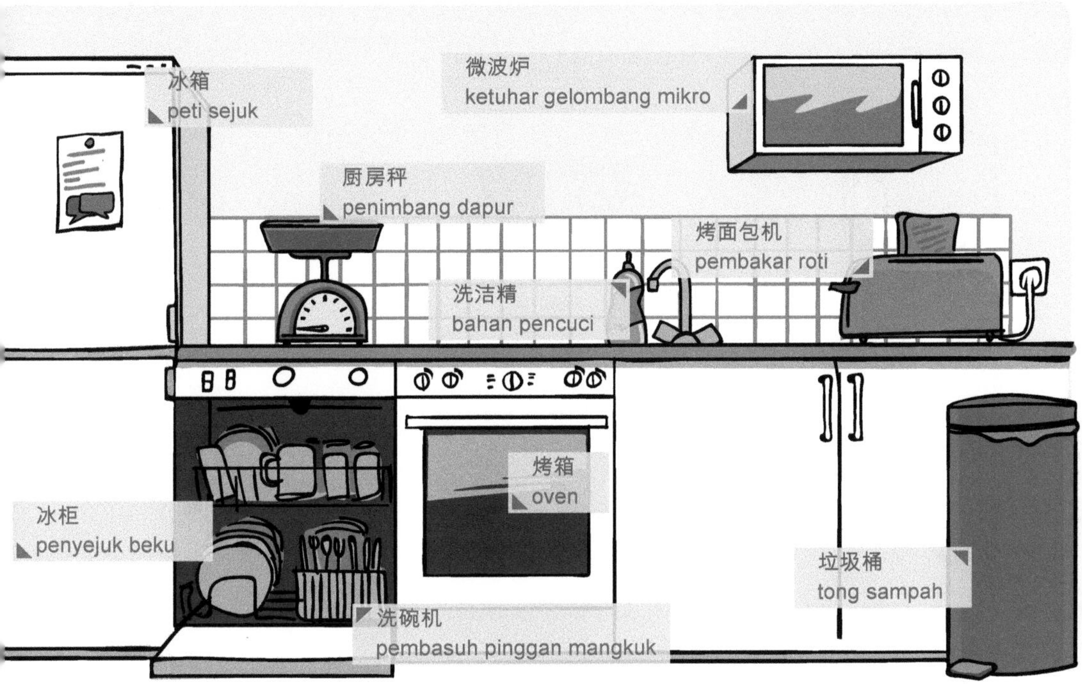

冰箱
peti sejuk

微波炉
ketuhar gelombang mikro

厨房秤
penimbang dapur

烤面包机
pembakar roti

洗洁精
bahan pencuci

冰柜
penyejuk beku

烤箱
oven

垃圾桶
tong sampah

洗碗机
pembasuh pinggan mangkuk

炊具
periuk dapur

锅
periuk

铸铁锅
periuk besi

炒锅
kuali

平底锅
pan

水壶
cerek

蒸锅

pengukus

烤盘

dulang pembakar

陶瓷锅

pinggan mangkuk

马克杯

koleh

碗

mangkuk

筷子

penyepit

长柄勺

senduk

铲子

spatula

搅拌器

pengadun

滤网

penapis

筛子

ayak

磨碎机

pemarut

研钵

mortar

烧烤

barbeku

明火

pembakaran terbuka

菜板

papan pencincang

擀面杖

pin golekan

开瓶器

skru gabus

罐子

tin

开罐器

pembuka tin

隔热手套

pemegang periuk

水槽

sinki

刷子

berus

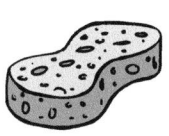

海绵

span

搅拌机

pengisar

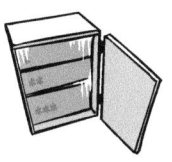

冷藏箱

penyejuk beku

奶瓶

botol bayi

水龙头

paip

浴室

bilik air

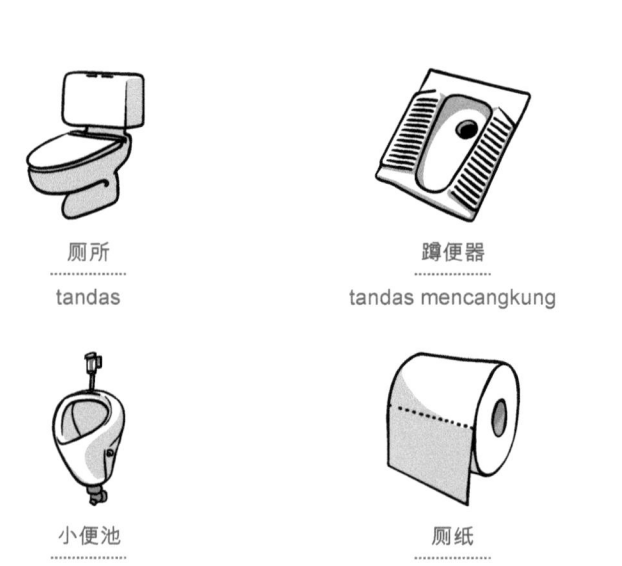

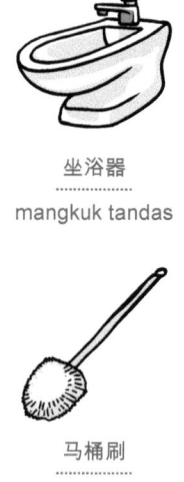

供暖设备
pemanasan
淋浴
mandi
毛巾
tuala
浴帘
tirai mandi
泡沫浴
mandi buih
浴缸
tab mandi
玻璃杯
gelas
洗衣机
mesin basuh
水龙头
paip
瓷砖
jubin
便壶
tandas
水槽
sinki

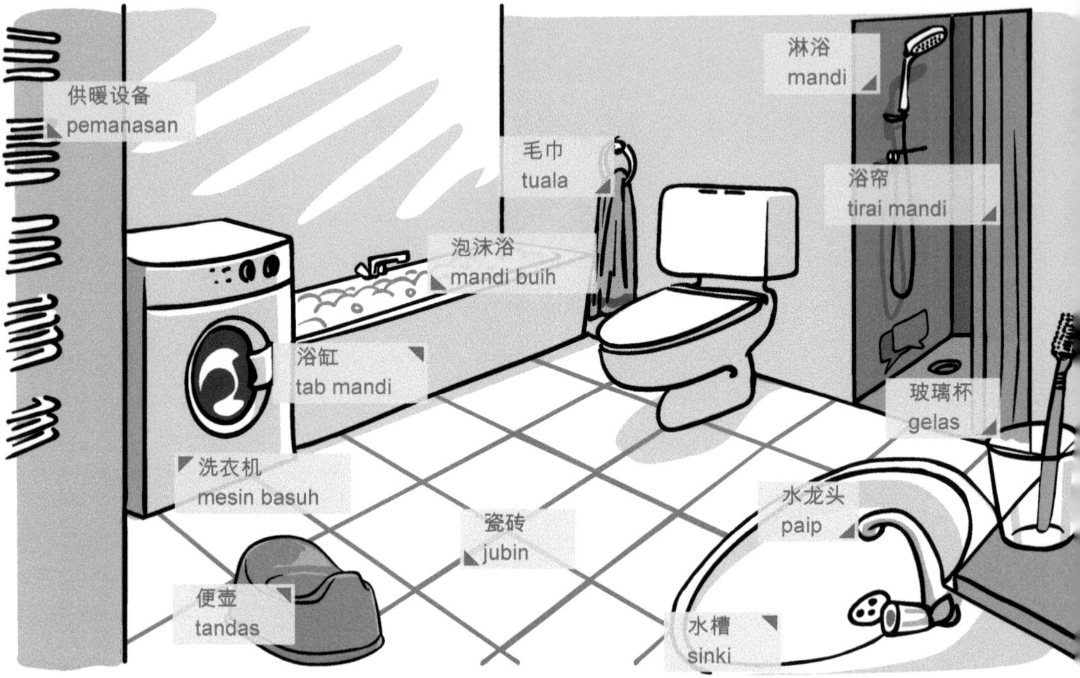

厕所

tandas

蹲便器

tandas mencangkung

坐浴器

mangkuk tandas

小便池

tandas awam

厕纸

kertas tandas

马桶刷

berus tandas

牙刷
berus gigi

牙膏
ubat gigi

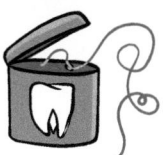

牙线
flos gigi

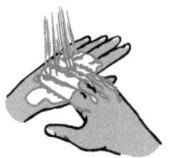

洗
cuci

手持式喷淋头
mandian tangan

冲洗器
pancuran

洗脸盆
besen

擦背刷
belakang berus

肥皂
sabun

沐浴露
gel mandian

洗发水
syampu

法兰绒
flanel

排水
longkang

乳霜
krim

除臭剂
deodoran

浴室 - bilik air

镜子

cermin

手镜

cermin tangan

剃须刀

pisau cukur

剃须泡沫

busa cukur

须后水

selepas cukur

梳子

sikat

刷子

berus

吹风机

pengering rambut

喷发定型剂

semburan rambut

化妆品

mekap

唇膏

gincu

指甲油

varnis kuku

化妆棉

bulu kapas

指甲剪

gunting kuku

香水

pewangi

洗漱包

beg basuhan

凳子

bangku

计重秤

skala berat

浴袍

jubah mandi

橡胶手套

sarung tangan getah

卫生棉条

kapas

卫生巾

tuala wanita

化学厕所

tandas kimia

儿童房
bilik kanak-kanak

闹钟
jam loceng
毛绒玩具
mainan kegemaran
玩具车
kereta mainan
拨浪鼓
kerincing bayi
玩具屋
rumah anak patung
礼物
hadiah

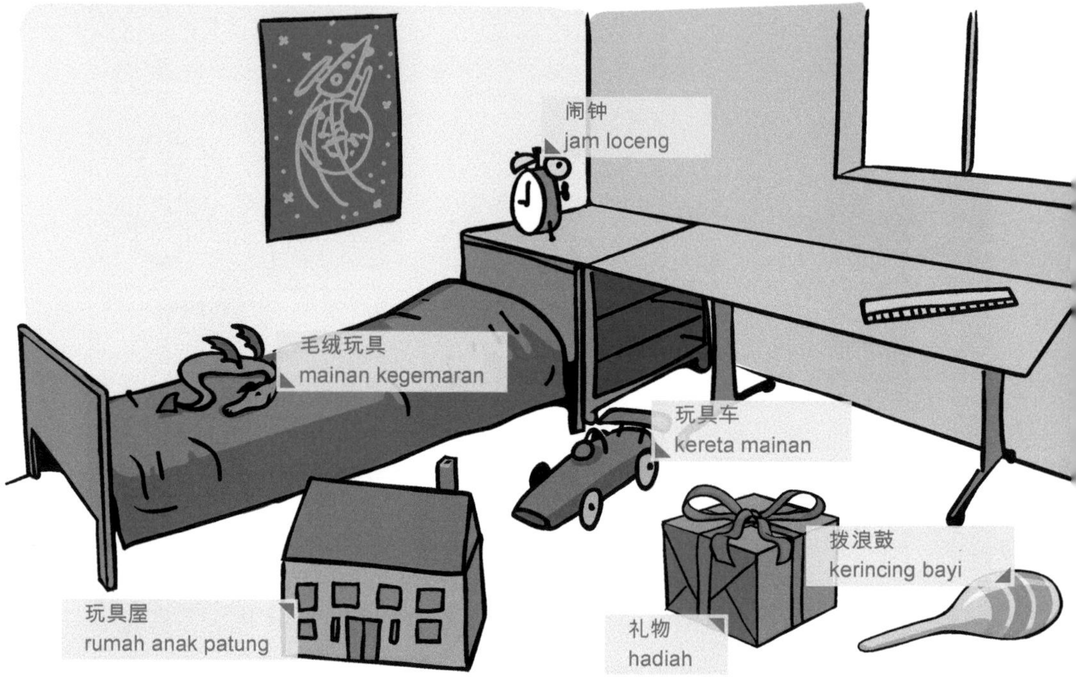

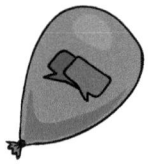

气球
belon

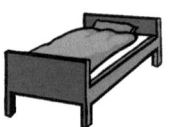

床
katil

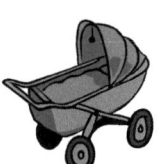

（洋娃娃用）婴儿车
kereta sorong bayi

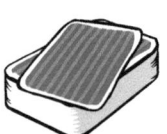

扑克牌
set kad

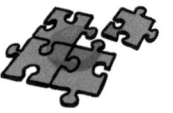

拼图
susun suai gambar

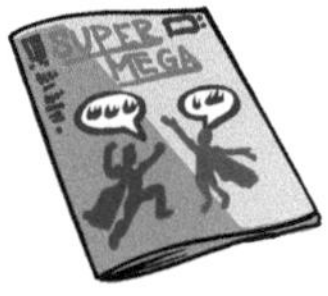

漫画
komik

乐高积木

batu bata lego

积木玩具

blok mainan

玩具人

figura aksi

婴儿服

baju bayi

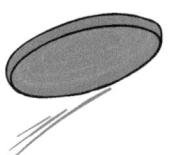

飞盘

frisbee

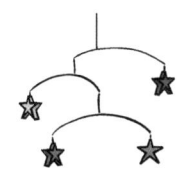

床铃玩具

mainan bayi mudah alih

棋盘游戏

permainan papan

骰子

dadu

火车模型

set model kereta api

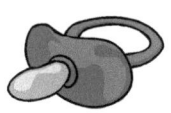

安抚奶嘴

palsu

聚会

parti

绘本

buku bergambar

球

bola

洋娃娃

anak patung

玩

main

儿童房 - bilik kanak-kanak

43

沙坑

lubang pasir

秋千

buai

玩具

mainan

游戏机

konsol permainan video

三轮车

basikal roda tiga

泰迪熊

anak patung beruang

衣柜

almari pakaian

衣服

pakaian

袜子

stoking

长袜

stoking

紧身裤

ketat

围巾
skarf

雨伞
payung

T恤
kemeja-t

keselamatan

靴子
but

拖鞋
selipar

运动鞋
kasut sukan

凉鞋
sandal

鞋
kasut

雨靴
but getah

内裤
seluar dalam

胸罩
coli

背心
ves

身体
badan

裤子
Seluar panjang

牛仔裤
jean

短裙
skirt

女式衬衫
blaus

衬衫
kemeja

套头衫
baju panas sarung

卫衣
sweater

西装夹克
blazer

夹克
jaket

外套
kot

雨衣
baju hujan

套装
kostum

连衣裙
pakaian

婚纱
baju pengantin

西装
sut

睡袍
baju tidur

睡衣
baju tidur

莎丽
sari

头巾
skarf kepala

包头巾
serban

波卡
burqa

卡夫坦
kaftan

(阿拉伯式)长袍
abaya/jubah

泳衣
baju renang

男式泳裤
seluar renang

短裤
seluar pendek

运动服
sut balapan

围裙
apron

手套
sarung tangan

纽扣

butang

眼镜

cermin mata

手链

gelang tangan

项链

rantai leher

戒指

cincin

耳环

subang

便帽

topi

衣架

penyangkut kot

帽子

topi

领带

tali leher

拉链

zip

头盔

topi keledar

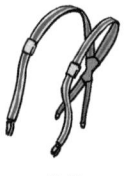

背带

pendakap

校服

uniform sekolah

制服

seragam

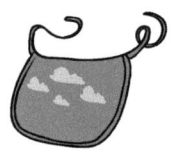

围兜

lapik dada

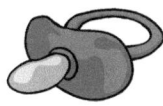

安抚奶嘴

palsu

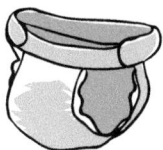

尿不湿

lampin

办公室

pejabat

服务器
pelayan
文件柜
kabinet fail
打印机
mesin pencetak
纸
kertas
显示屏
monitor
办公桌
meja
鼠标
tetikus
文件夹
folder
键盘
papan kekunci
废纸筐
bakul sampah
电脑
komputer
椅子
kerusi

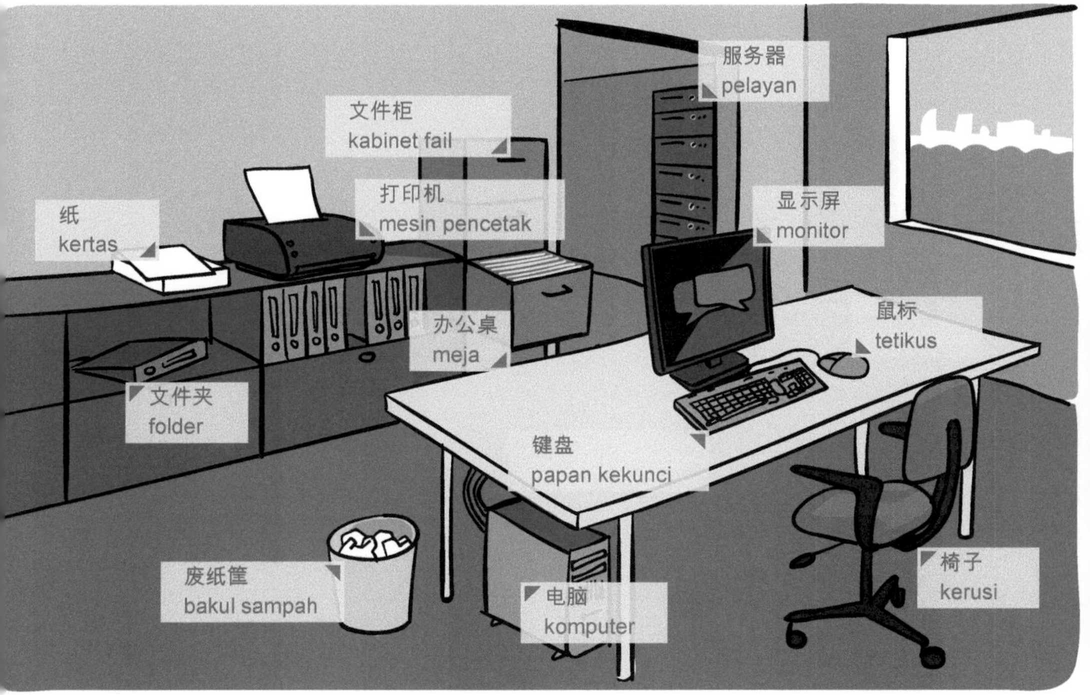

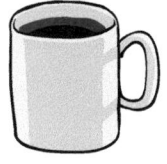

咖啡杯

cawan kopi

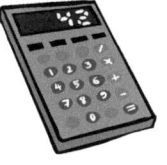

计算器

kalkulator

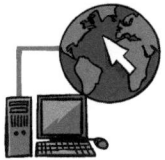

因特网

internet

笔记本电脑

komputer riba

信件

surat

消息

mesej

手机

mudah alih

网络

rangkaian

复印机

mesin fotokopi

软件

perisian

电话

telefon

插座

soket plag

传真机

mesin faks

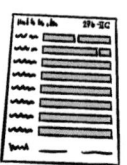

表格

bentuk

文件

dokumen

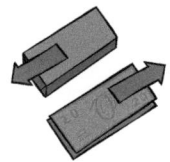

买

beli

付钱

bayar

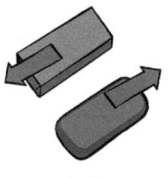

交易

berdagang

现金

wang

美元

dolar

欧元

euro

日元

yen

卢布

rubel

瑞士法郎

franc swiss

人民币

renminbi yuan

卢比

rupee

提款处

mata tunai

外币兑换处

pejabat tukaran mata wang

金

emas

银

perak

石油

minyak

能源

tenaga

价格

harga

合同

kontrak

税金

cukai

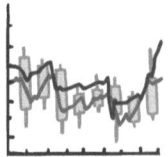

股票

stok

工作

kerja

职员

pekerja

老板

majikan

工厂

kilang

商店

kedai

职业

pekerjaan

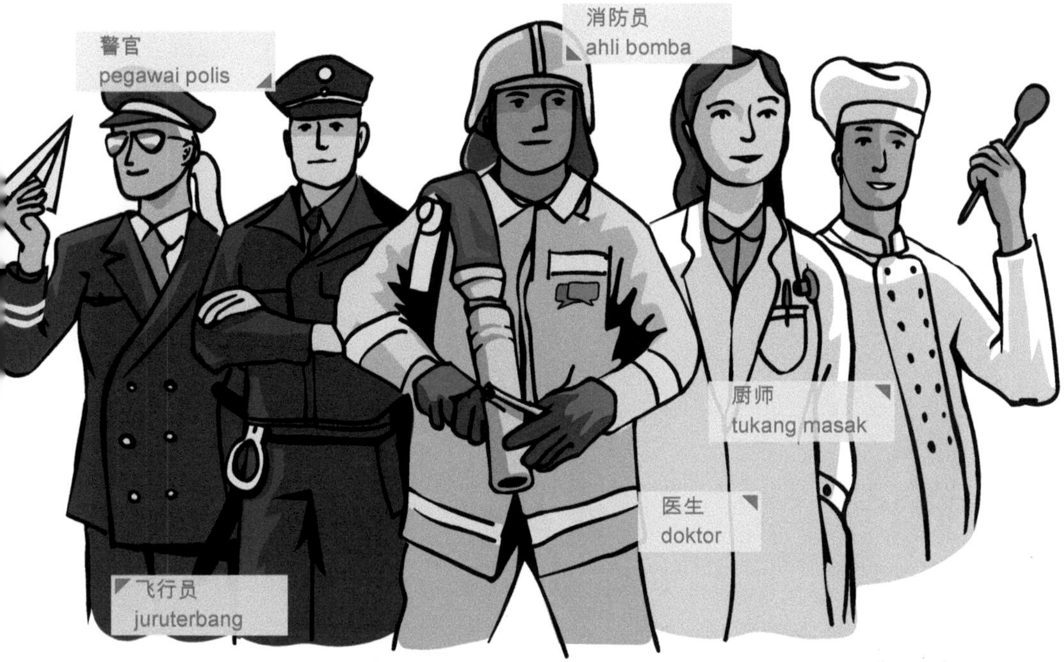

警官
pegawai polis
消防员
ahli bomba
厨师
tukang masak
医生
doktor
飞行员
juruterbang

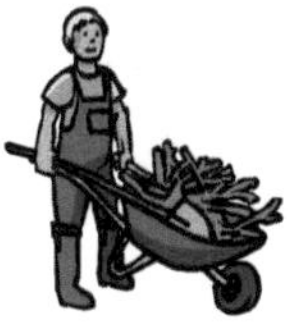

园丁

tukang kebun

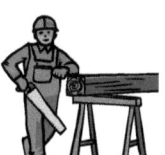

木匠

tukang kayu

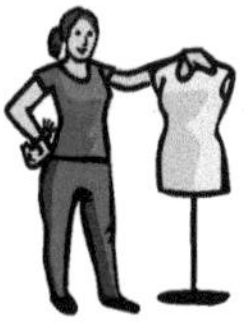

裁缝

tukang jahit

法官

hakim

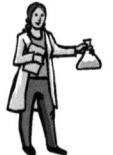

化学家

ahli kimia

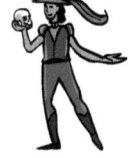

演员

pelakon

公交车司机

pemandu bas

出租车司机

pemandu teksi

渔夫

nelayan

清洁女工

wanita pencuci

屋顶工

kasau

服务员

pelayan

猎人

pemburu

画家

pelukis

面包师

bakeri

电工

juruelektrik

建筑工人

pembangun

工程师

jurutera

屠夫

penjual daging

水管工

tukang paip

邮递员

posmen

士兵

askar

建筑师

arkitek

收银员

juruwang

花农

kedai bunga

理发师

pendandan rambut

售票员

konduktor

机械师

mekanik

船长

kapten

牙医

doktor gigi

科学家

ahli sains

拉比

tuhanku

伊玛目

imam

和尚

sami

牧师

paderi

工具

alat

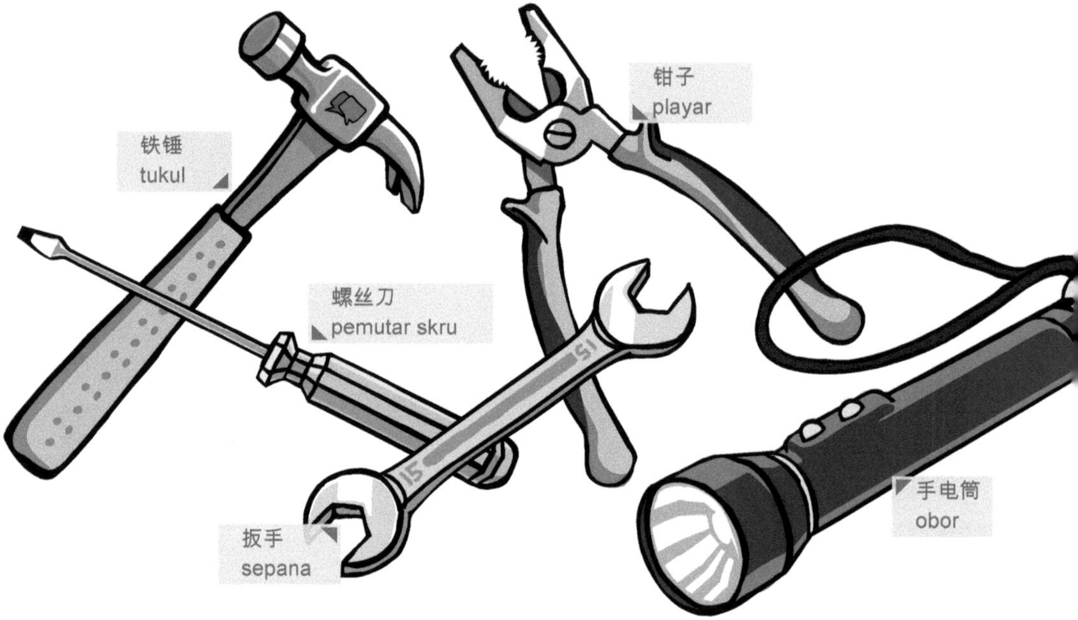

钳子
playar
铁锤
tukul
螺丝刀
pemutar skru
手电筒
obor
扳手
sepana

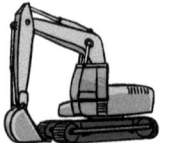

挖掘机

pengorek

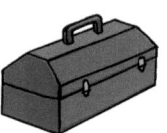

工具箱

kotak peralatan

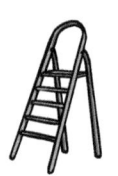

梯子

tangga

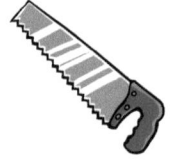

锯子

gergaji

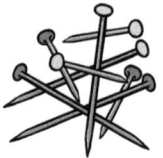

钉子

kuku

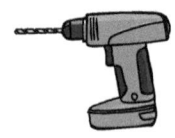

钻机

gerudi

修
baiki

铲子
penyodok

靠！
Celaka!

簸箕
penadah sampah

油漆桶
periuk cat

螺丝
skru

乐器
alat muzik

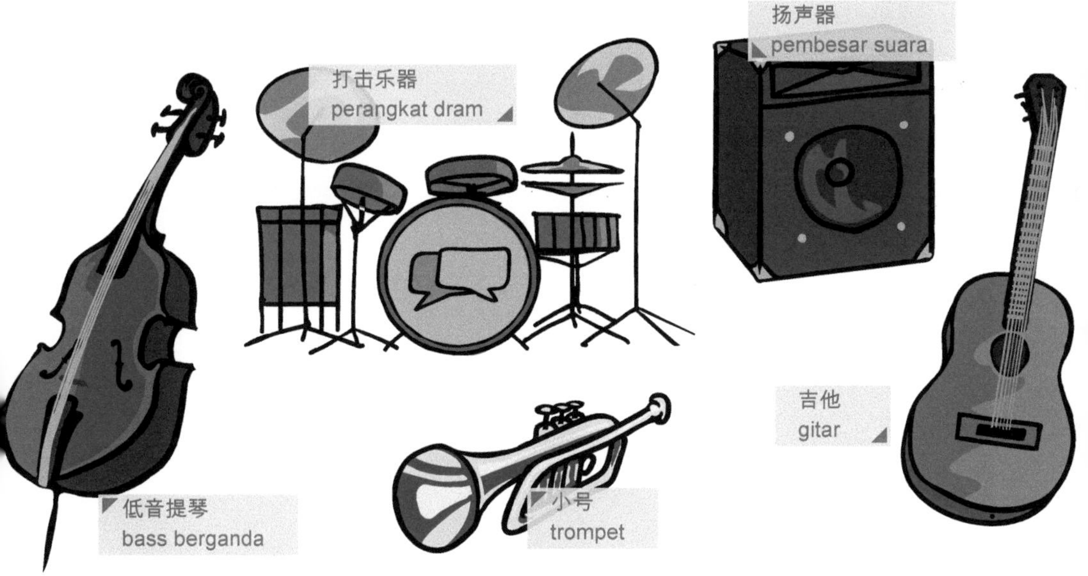

打击乐器
perangkat dram

扬声器
pembesar suara

吉他
gitar

低音提琴
bass berganda

小号
trompet

钢琴

piano

小提琴

biola

贝斯

bass

定音鼓

timpani

鼓

dram

电子琴

papan kekunci

萨克斯管

saksofon

长笛

seruling

麦克风

mikrofon

动物园

ZOO

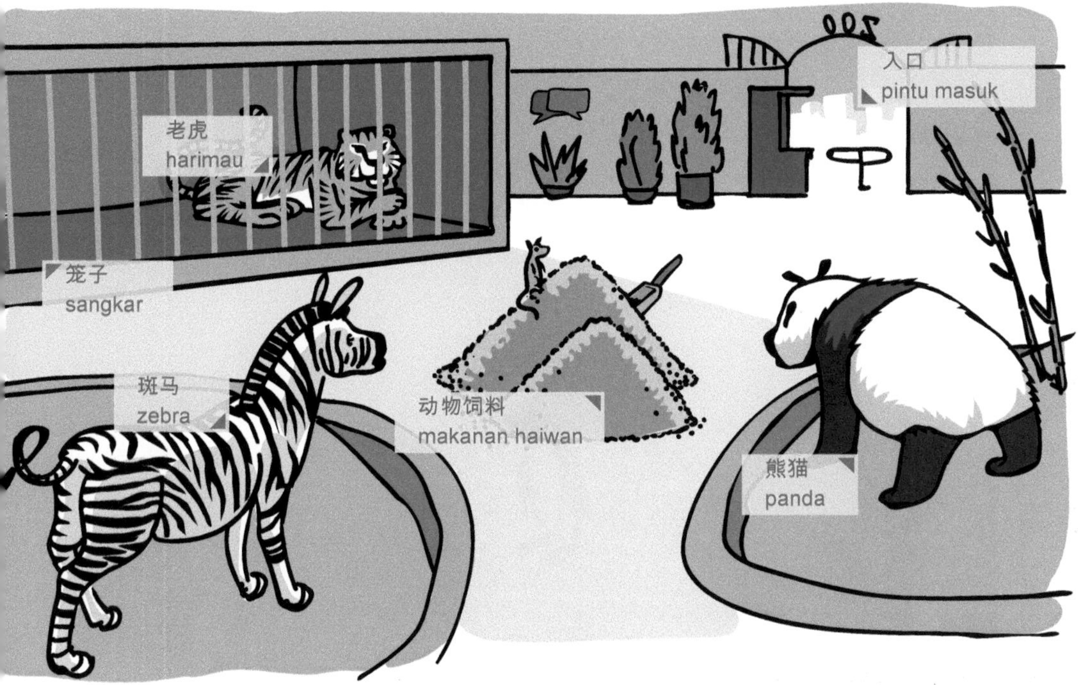
老虎
harimau
入口
pintu masuk
笼子
sangkar
斑马
zebra
动物饲料
makanan haiwan
熊猫
panda

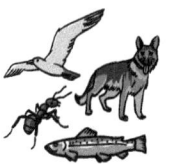

动物

haiwan

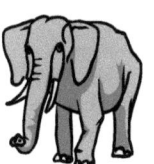

大象

gajah

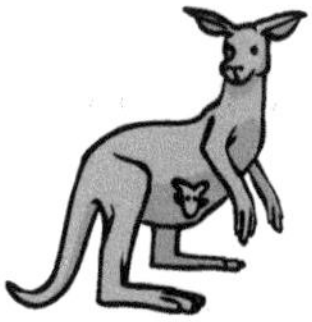

袋鼠

kanggaru

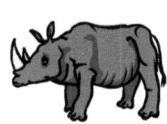

犀牛

badak sumbu

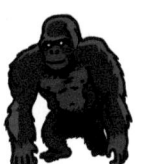

大猩猩

gorila

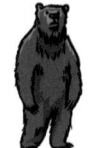

熊

beruang

骆驼

unta

鸵鸟

burung unta

狮子

singa

猴子

monyet

火烈鸟

flamingo

鹦鹉

nuri

北极熊

beruang kutub

企鹅

penguin

鲨鱼

yu

孔雀

merak

蛇

ular

鳄鱼

buaya

动物园管理员

penjaga zoo

海豹

anjing laut

美洲豹

jaguar

矮种马

kuda

豹

harimau

河马

badak air

长颈鹿

zirafah

老鹰

helang

野猪

babi jantan

鱼

ikan

龟

penyu

海象

anjing laut

狐狸

musang

羚羊

rusa

动物园 - zoo

橄榄球
bola sepak Amerika

骑自行车
berbasikal

网球
tenis

篮球
bola keranjang

游泳
renang

冰球
hoki ais

拳击
tinju

英式足球
bola sepak

羽毛球
badminton

田径
olahraga

手球
bola baling

滑雪
ski

马球
polo

跳
lompat

拥抱
peluk

笑
ketawa

走路
berjalan

唱
menyanyi

做梦
mimpi

祈祷
berdoa

亲吻
cium

书写
tulis

画
lukis

展示
tunjuk

推
tolak

给
beri

拿
ambil

有
ada

做
buat

当
ialah

站
berdiri

跑
lari

拉
tarik

扔
buang

摔倒
jatuh

躺
tipu

等待
tunggu

携带
bawa

坐
duduk

穿衣
pakai

睡觉
tidur

醒来
bangkit

看
lihat pada

哭
menangis

抚摸
strok

梳头
sikat

交谈
cakap

明白
faham

问
tanya

听
dengar

喝
minum

吃
makan

清理
mengemas

爱
sayang

做饭
masak

开车
pandu

飞
terbang

航行

belayar

计算

kira

读

baca

学习

belajar

工作

kerja

结婚

nikah

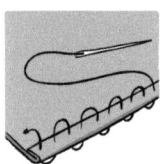

缝

jahit

刷牙

memberus gigi

杀

bunuh

抽烟

asap

寄

hantar

祖母
nenek

祖父
datuk

父亲
bapa

母亲
ibu

婴童
bayi

女儿
anak perempuan

儿子
anak lelaki

客人
tetamu

阿姨
mak cik

叔叔
pak cik

兄弟
abang

姐妹
kakak

身体

badan

前额
dahi
眼睛
mata
肩膀
bahu
手指
jari
脸
muka
下巴
dagu
手
tangan
腿
kaki
乳房
dada
手臂
lengan

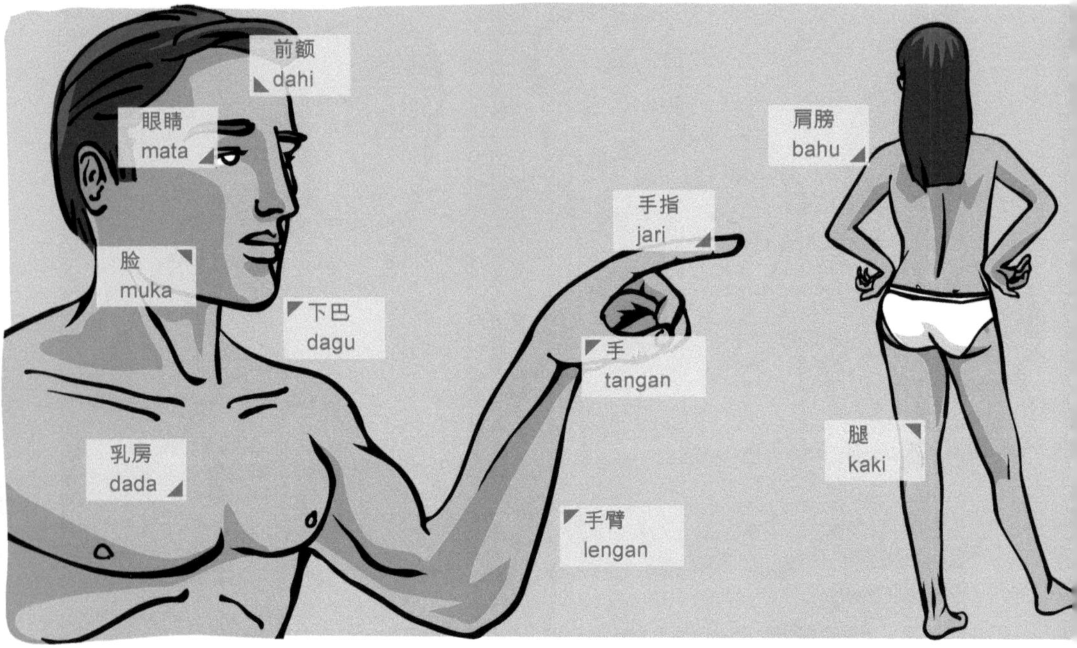

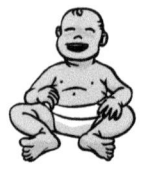

婴童

bayi

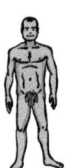

男人

lelaki

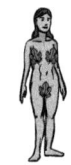

女人

wanita

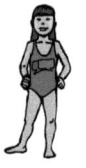

女孩

perempuan

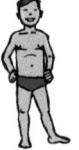

男孩

lelaki

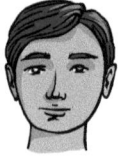

头

kepala

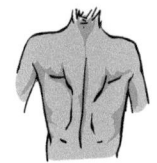

背部

belakang

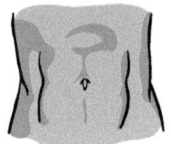

肚子

bawah perut

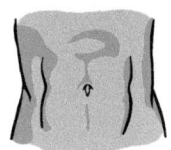

肚脐

pusat

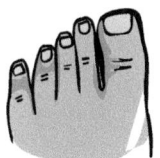

脚趾

jari kaki

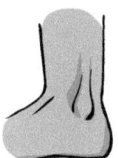

脚后跟

tumit

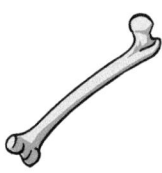

骨头

tulang

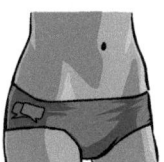

臀部

pinggul

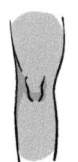

膝盖

lutut

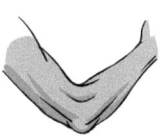

手肘

siku

鼻子

hidung

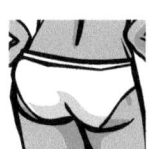

屁股

bawah

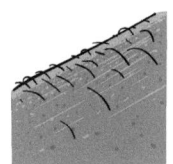

皮肤

kulit

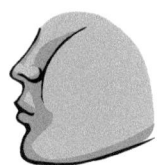

脸颊

pipi

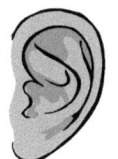

耳朵

telinga

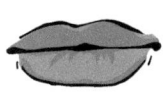

嘴唇

bibir

身体 - badan

嘴
mulut

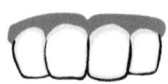

牙齿
gigi

舌头
lidah

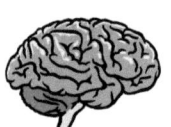

脑
otak

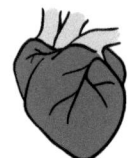

心脏
hati

肌肉
otot

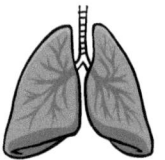

肺
paru-paru

肝脏
hati

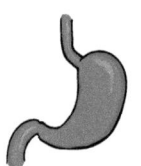

胃
perut

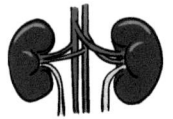

肾脏
buah pinggang

性交
seks

避孕套
kondom

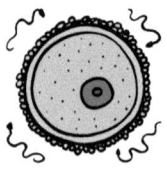

卵子
faraj

精子
mani

怀孕
mengandung

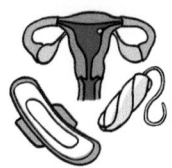

月经
haid

阴道
faraj

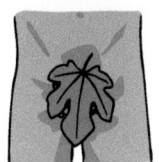

阴茎
penis

眉毛
kening

头发
rambut

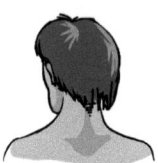

脖子
leher

身体 - badan

医院

hospital

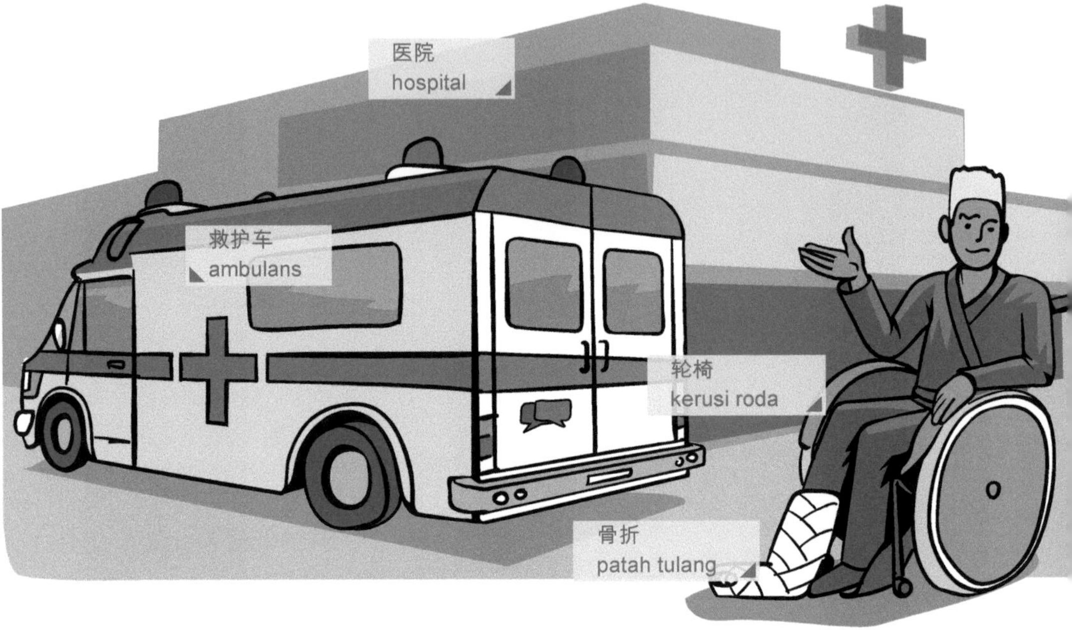

医院
hospital
救护车
ambulans
轮椅
kerusi roda
骨折
patah tulang

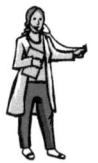

医生

doktor

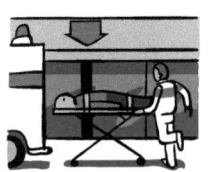

急诊室

bilik kecemasan

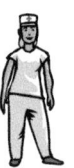

护士

jururawat

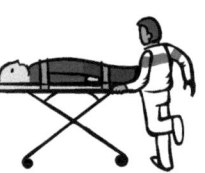

紧急情况

kecemasan

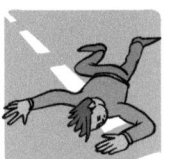

昏迷

tak sedar

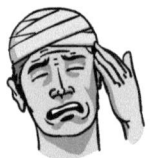

痛

sakit

受伤
kecederaan

出血
pendarahan

心脏病发作
serangan jantung

中风
strok

过敏
alergi

咳嗽
batuk

发烧
demam

流感
selesema

腹泻
cirit-birit

头痛
sakit kepala

癌症
kanser

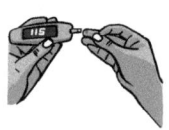

糖尿病
diabetes

外科医生
pakar bedah

手术刀
pisau bedah

手术
pembedahan

医院 - hospital

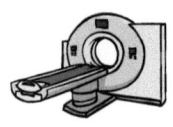

CT

CT

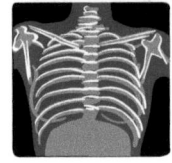

X光

x-ray

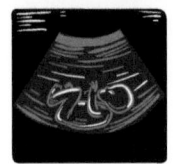

超声波

ultrabunyi

口罩

topeng muka

疾病

penyakit

候诊室

bilik menunggu

拐杖

penongkat

石膏

plaster

绷带

pembalut

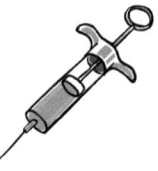

注射

suntikan

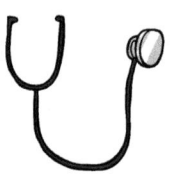

听诊器

stetoskop

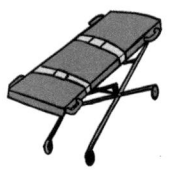

担架

pengusung

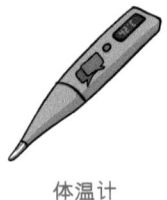

体温计

termometer klinik

出生

kelahiran

超重

berat badan berlebihan

助听器

alat pendengaran

消毒液

disinfektan

感染

jangkitan

病毒

virus

艾滋病

HIV / AIDS

药物

perubatan

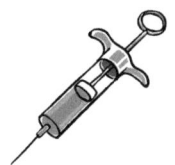

接种疫苗

vaksinasi

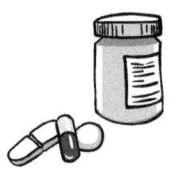

药片

tablet

药丸

pil

急救电话

panggilan kecemasan

血压计

pantau tekanan darah

生病/健康

sakit / sihat

救命！

Tolong!

警报

penggera

突击

serang

攻击

serangan

危险

bahaya

紧急出口

pintu kecemasan

着火啦！

Api!

灭火器

alat pemadam api

意外

kemalangan

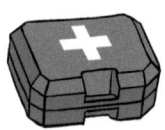

急救箱

alat pertolongan cemas

呼救信号

SOS

警察

polis

欧洲

Eropah

北美洲

Amerika Utara

南美洲

Amerika Selatan

非洲

Afrika

亚洲

Asia

澳洲

Australia

大西洋

Atlantic

太平洋

Pasifik

印度洋

Lautan Hindi

南冰洋

Lautan Antartik

北冰洋

Lautan Artik

北极

Kutub utara

南极

Kutub Selatan

南极洲

Antartika

地球

bumi

陆地

tanah

海

laut

岛

pulau

国家

negara

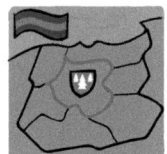

国家

negeri

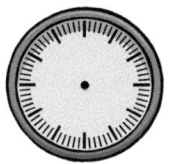

钟面

muka jam

时针

tangan jam

分针

tangan minit

秒针

terpakai

现在几点？

Jam berapa sekarang

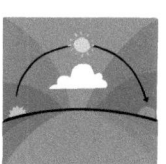

天

hari

时间

masa

现在

sekarang

电子表

jam digital

分

minit

时

jam

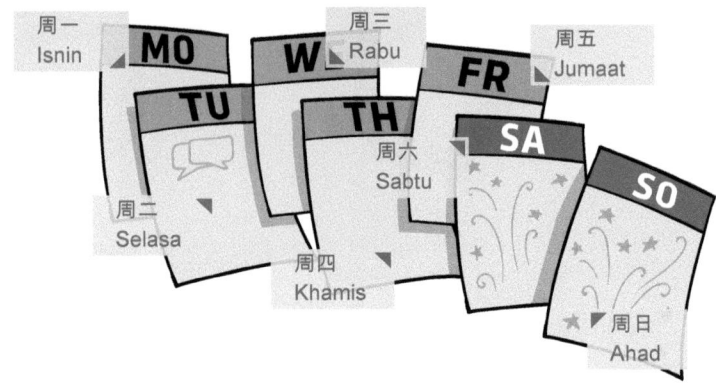

周一 Isnin
周三 Rabu
周五 Jumaat
周二 Selasa
周四 Khamis
周六 Sabtu
周日 Ahad

昨天
semalam

今天
hari ini

明天
esok

早晨
pagi

中午
tengah hari

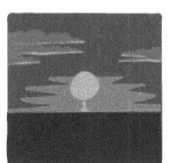

晚上
petang

MO	TU	WE	TH	FR	SA	SU
1	2	3	4	5	6	7
8	9	10	11	12	13	14
15	16	17	18	19	20	21
22	23	24	25	26	27	28
29	30	31	1	2	3	4

工作日
hari kerja

MO	TU	WE	TH	FR	SA	SU
1	2	3	4	5	6	7
8	9	10	11	12	13	14
15	16	17	18	19	20	21
22	23	24	25	26	27	28
29	30	31	1	2	3	4

周末
hari minggu

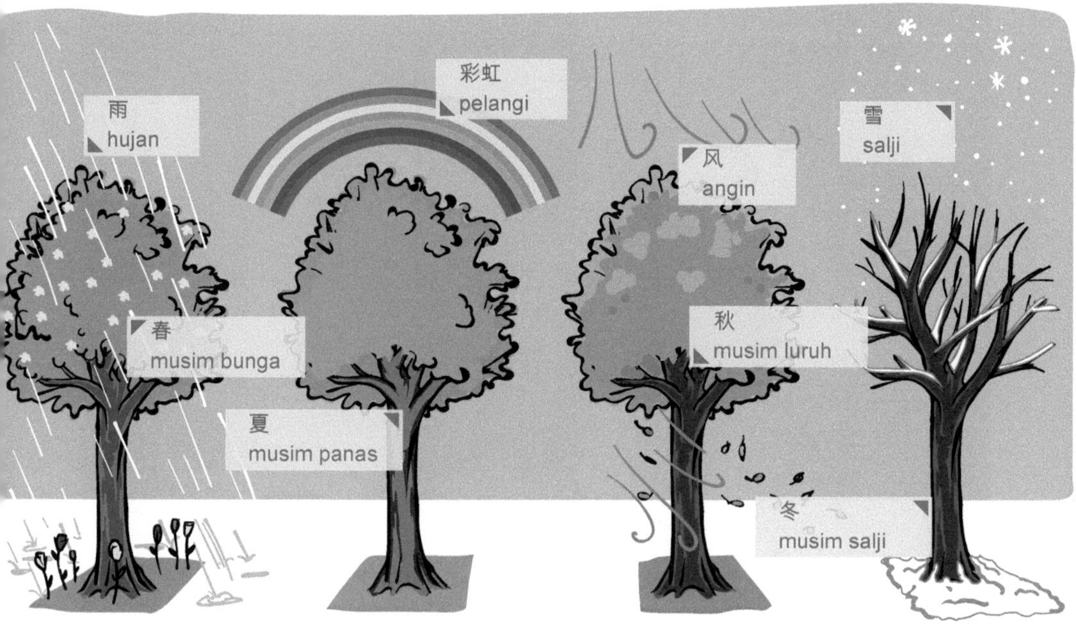

雨
hujan
彩虹
pelangi
风
angin
雪
salji
春
musim bunga
夏
musim panas
秋
musim luruh
冬
musim salji

4.APRIL 11°
5.APRIL 4°
6.APRIL 13°
7.APRIL 8°
8.APRIL 10°

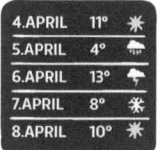

天气预报

ramalan cuaca

F
C
120
90
60
30
0
-30
40
30
20
10
0
-10
-20

温度计

termometer

阳光

sinar matahari

云

awan

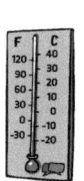

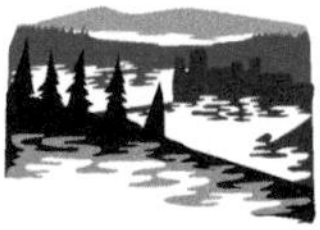

雾

kabus

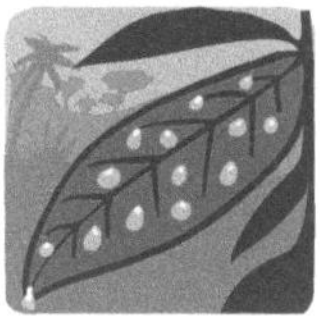

潮湿

lembapan

闪电

kilat

打雷

petir

风暴

ribut

冰雹

hujan batu

季风

monsun

洪水

banjir

冰

ais

一月

Januari

二月

Februari

三月

Mac

四月

April

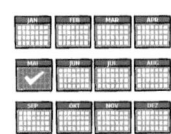

五月

Mei

六月

Jun

七月

Julai

八月

Ogos

年 - tahun

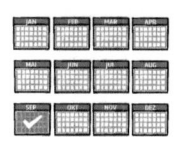

九月

September

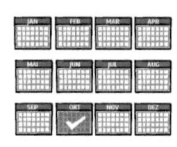

十月

Oktober

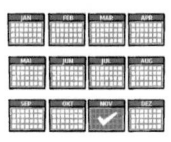

十一月

November

十二月

Disember

形状
bentuk

圆形

bulatan

正方形

petak

长方形

segi empat tepat

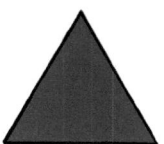

三角形

segitiga

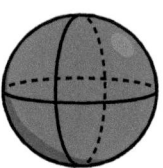

球体

sfera

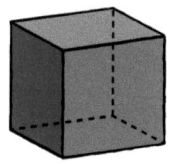

立方体

kiub

白
....
putih

黄
....
kuning

橙
....
oren

粉
....
merah jambu

红
....
merah

紫
....
ungu

蓝
....
biru

绿
....
hijau

棕
....
coklat

灰
....
kelabu

黑
....
hitam

很多/少许

banyak / sedikit

生气/平静

marah / tenang

美/丑

cantik / hodoh

首/尾

bermula / tamat

大/小

besar kecil

明/暗

terang / gelap

兄弟/姐妹

abang / kakak

干净/肮脏

bersih / kotor

完整/缺失

lengkap / tidak lengkap

白天/晚上

hari / malam

死/生

mati / hidup

宽/窄

luas / sempit

可食用/非食用

boleh dimakan / tidak boleh dimakan

邪恶/善良

jahat / baik

兴奋/无聊

teruja / bosan

胖/瘦

gemuk / kurus

第一/最后

pertama / terakhir

朋友/敌人

kawan / musuh

满/空

penuh / kosong

硬/软

keras / lembut

重/轻

berat / ringan

饿/渴

lapar / dahaga

生病/健康

sakit / sihat

非法/合法

menyalahi undang-undang / undang-undang

聪明/愚笨

pintar / bodoh

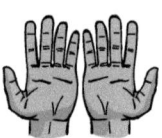

左/右

kiri / kanan

近/远

dekat / jauh

新/旧

baru / lama

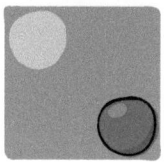

没有/有些

tiada / sesuatu

老/幼

tua / muda

开/关

hidup / mati

打开/合上

terbuka / tertutup

安静/吵闹

diam / bising

富/穷

kaya / miskin

对/错

betul / salah

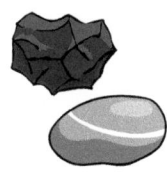

粗糙/光滑

kasar / halus

伤心/高兴

sedih / gembira

短/长

pendek / panjang

慢/快

lambat / laju

湿/干

basah / kering

温暖/凉爽

panas / sejuk

战争/和平

berperang / berdamai

0

零
sifar

1

一
satu

2

二
dua

3

三
tiga

4

四
empat

5

五
lima

6

六
enam

7

七
tujuh

8

八
lapan

9

九
sembilan

10

十
sepuluh

11

十一
sebelas

12
十二
dua belas

13
十三
tiga belas

14
十四
empat belas

15
十五
lima belas

16
十六
enam belas

17
十七
tujuh belas

18
十八
lapan belas

19
十九
Sembilan belas

20
二十
dua puluh

100
百
ratus

1.000
千
ribu

1.000.000
百万
juta

bahasa-bahasa

英语

Bahasa Inggeris

美式英语

Bahasa Inggeris Amerika

普通话

Bahasa Cina Mandarin

印地语

Bahasa Hindi

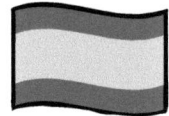

西班牙语

Bahasa Sepanyol

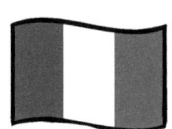

法语

Bahasa Perancis

阿拉伯语

Bahasa Arab

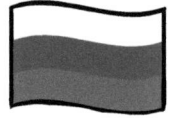

俄语

Bahasa Rusia

葡萄牙语

Bahasa Portugis

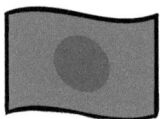

孟加拉语

Bahasa Benggali

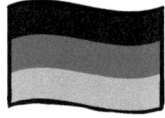

德语

Bahasa Jerman

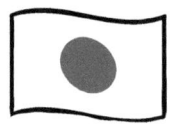

日语

Bahasa Jepun

我

saya

你

anda

他/她/它

dia / dia / ia

我们

kita

你们

anda

他们

mereka

谁？

siapa?

什么？

apa?

怎样？

bagaimana?

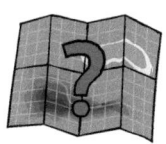

哪里？

di mana?

什么时候？

bila?

名字

nama

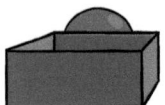

后面

belakang

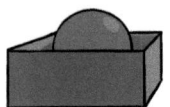

里面

dalam

前面

di hadapan

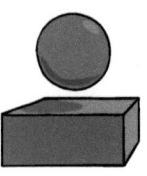

上方

lebih

上面

pada

下面

di bawah

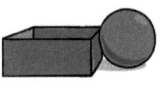

旁边

bersebelahan

中间

antara

地点

tempat